Das ultimative

MÄNNER KOCHBUCH

VORSICHT HEISS!

Das ultimative MÄNNER KOCHBUCH

VORSICHT HEISS!

Andrea VERLAGsGmbH

Layout: Talking Design
Fotos: Mike Cooper
Food-Styling: Lincoln Jefferson
Rezepte: Christine France
Einleitung: Linda Doeser

Parragon Books Ltd
Queen Street House
4 Queen Street
Bath BA1 1HE, UK

Realisation der deutschen Ausgabe: trans texas publishing, Köln
Übersetzung: Scriptorium, Köln

Genehmigte Ausgabe für Andrea VerlagsGmbH

Cover: Carmen Lang

ISBN 978-3-86405-016-9
Printed in Poland

Hinweis

- Sofern die Schale von Zitrusfrüchten benötigt wird, verwenden Sie unbedingt unbehandelte Früchte.
- Sind Zutatenmengen in Löffeln angegeben, ist immer ein gestrichener Löffel gemeint: Ein Teelöffel entspricht 5 ml, ein Esslöffel 15 ml.
- Mit Milch ist immer fettreduzierte Milch mit einem Fettanteil von 1,5 % gemeint.
- Es sollte stets frisch gemahlener schwarzer Pfeffer verwendet werden.
- Einige Rezepte enthalten Nüsse. Allergiker sollten bei Rezepten, in denen Nüsse verarbeitet werden, die Nüsse weglassen.
- Bei Eiern und einzelnen Gemüsesorten, z. B. Kartoffeln, verwenden Sie mittelgroße Exemplare. Kleinkinder, ältere Menschen, Schwangere, Rekonvaleszenten und gesundheitlich beeinträchtigte Personen sollten Rezepte mit rohen oder nur leicht gegarten Eiern meiden.
- Die angegebenen Gar- und Zubereitungszeiten können von den tatsächlichen leicht abweichen, da je nach Zubereitungsart und Herdtyp Schwankungen auftreten können.

Inhalt

Einleitung

Dieses Buch ist ein Muss für jeden, der gutes Essen liebt, bei der Zubereitung aber keinen komplizierten Rezeptanweisungen folgen möchte. Die Bilder der einzelnen Rezepte führen Sie Schritt für Schritt durch die Zubereitung der wunderbaren Gerichte. Dadurch sind die Gerichte sehr leicht nachzukochen und schmecken einfach wunderbar.

Jedes Rezept beginnt mit einem Bild, auf dem alle Zutaten zu sehen sind, die in dem jeweiligen Rezept verwendet werden. So können Sie auf einen Blick kontrollieren, ob Sie alle Lebensmittel vorrätig haben, die Sie zur Zubereitung dieses Gerichts benötigen. Auch sehen Sie, ob beispielsweise der Knoblauch noch gehackt oder die Zwiebeln in Ringe geschnitten werden müssen, wie es in der Zutatenliste angegeben ist. Wenn Sie sich nicht sicher sind, wie klein die Früchte gewürfelt oder wie fein die Kekse zerkrümelt werden müssen, liefert Ihnen ein Blick auf die jeweilige Abbildung die Antwort.

Die kurzen Zubereitungsanweisungen sind klar formuliert und sehr gut verständlich. In Verbindung mit den Abbildungen hilft dies sowohl Anfängern als auch erfahreneren Köchen, an die kleinen Details zu denken. Jedes Rezept wird durch eine Abbildung des fertig zubereiteten Gerichts abgerundet, dem Sie auch den Serviervorschlag entnehmen können.

Die Vorteile dieses Buches

Gutes Essen ist einer der wichtigsten Schlüssel zu einem gesunden Leben. Doch der moderne Alltag ist meist sehr hektisch und lässt fürs Einkaufen und Kochen wenig Zeit. Niemand kann es sich leisten, mehrere Stunden in der Küche zu stehen, um das Essen vorzubereiten. Auch hat man weder Zeit noch Lust, komplizierte Rezepte zu entschlüsseln, die dann häufig doch nicht aufgehen, sodass man seine knapp bemessene Zeit für ein schlecht schmeckendes Essen geopfert hat. Auf den folgenden Seiten finden Sie für jeden Geschmack und Anlass das passende Rezept: von saftigem Rindfleisch über glasierte Ente und pikante Meeresfrüchte bis hin zu vegetarischen Köstlichkeiten und verführerischen Desserts. Alle Gerichte sind in weniger als einer halben Stunde zubereitet und viele lassen sich sogar in wenigen Minuten auf den Tisch zaubern. Guten Appetit!

>1 >2 >3

Tipps zur schnellen und unkomplizierten Zubereitung

> Lesen Sie sich das Rezept samt Zutatenliste erst einmal sorgfältig durch, bevor Sie mit der Zubereitung beginnen. So wissen Sie genau, was Sie benötigen, und müssen nicht mitten in der Zubereitung plötzlich noch nach Zutaten oder Kochutensilien suchen. Im schlimmsten Fall könnte das Gericht in dieser Zeit anbrennen.

> Backöfen und Grills benötigen einige Zeit zum Vorheizen, daher sollten Sie sie einschalten, sobald Sie mit den Vorbereitungen zu einem Gericht beginnen. Umluftherde müssen in der Regel nicht vorgeheizt werden. Bei konventionellen Öfen sollten Sie etwa 15 Minuten einrechnen, damit die gewünschte Temperatur erreicht wird. Benötigen Sie für ein Rezept kochendes oder heißes Wasser, sollte dieses auch rechtzeitig erhitzt werden.

> Stellen Sie alle benötigten Zutaten zusammen und kontrollieren Sie anhand der Zutatenliste, ob Sie sie auch richtig für den Garvorgang vorbereitet haben (in Stücke geschnitten, gehackt etc.).

> Ordnen Sie die vorbereiteten Zutaten in der Reihenfolge an, in der sie im Rezept verwendet werden. Wenn mehrere Zutaten wie etwa Kräuter und Gewürze gleichzeitig zugegeben werden, können Sie sie nebeneinander auf einem großen Teller anrichten.

> Räumen Sie Kochutensilien, die Sie nicht mehr benötigen, sofort beiseite. Eine zugestellte Arbeitsfläche ist der Feind der schnellen Küche und kann, im Fall von Messern und heißen Töpfen oder Pfannen, sogar gefährlich sein.

> Seien Sie bei der Zeiteinteilung großzügig und muten Sie sich nicht zu viel zu. Es ist sinnlos, den Hauptgang in Windeseile zubereiten zu wollen, wenn die Zutaten eigentlich eine längere Garzeit benötigen würden. Und wenn der Hauptgang all Ihre Aufmerksamkeit erfordert, wählen Sie ein einfaches Dessert oder eine Vorspeise, die sich gut im Voraus zubereiten lässt.

> Falls Sie wenig Zeit haben, können Sie auch schon vorbereitete Lebensmittel wie etwa Tomaten aus der Dose, fertig eingelegten Knoblauch oder Chillies und Tiefkühlgemüse verwenden. Beachten Sie nur, dass frische Lebensmittel meist besser schmecken.

So sparen Sie Zeit

- Nicht alle Gemüse müssen vor dem Kochen geschält werden. Beispielsweise sitzen bei Kartoffeln die meisten Nährstoffe direkt unter der Schale, weshalb es besser ist, sie einfach nur abzubürsten. Falls nötig, können Sie das Gemüse nach dem Kochen schälen oder, beispielsweise bei jungem, zartem Gemüse, einfach mit der Schale servieren. Gemüse mit dünner Haut wie Auberginen und Zucchini muss auch nicht geschält werden. Gemüse, das längere Zeit gelagert wurde, sollte immer geschält werden.
- Tomaten, Nektarinen, Pfirsiche und Schalotten lassen sich ganz einfach schälen, wenn sie 30–60 Sekunden in kochendes Wasser gelegt werden. Danach löst sich die Haut fast von allein. Bei Tomaten und Pfirsichen wird die Haut zudem vorher an der Unterseite mit einem Messer kreuzweise eingeritzt.
- Knoblauch lässt sich leichter schälen, wenn Sie die Zehe zunächst flach drücken. Die Haut springt auf, lässt sich leicht ablösen und die Zehe kann gehackt, in Scheiben geschnitten oder zerdrückt werden.
- Einige Zutaten wie Frühstücksspeck, frische Kräuter und getrocknete Früchte lassen sich leichter mit der Küchenschere klein schneiden als mit dem Messer. Auch Stangenbohnen und Zuckerschoten können Sie einfach mit einer Küchenschere zerkleinern.
- Wenn Sie das Fruchtfleisch einer Avocado pürieren oder zerdrücken wollen, verzichten Sie auf das Schälen. Die Avocado halbieren, den Kern entfernen und das Fruchtfleisch dann mit einem Löffel herauslösen.
- Fleischstücke lassen sich vor dem Anbraten am besten mit Mehl bestäuben, indem sie portionsweise in einen Gefrierbeutel mit etwas Mehl gegeben werden, der Beutel dann verschlossen und leicht geschüttelt wird.
- Um beim Schneiden von weichen Käsesorten, beispielsweise Camembert, zu verhindern, dass der Käse am Messer kleben bleibt, sollten Sie das Messer vor dem Schneiden leicht anfeuchten.
- Paprika sollte zum Entkernen längs halbiert werden. Mit einem kleinen Messer lassen sich dann die Membranen mit fast allen Kernen herausschneiden. Wenn die Paprikahälften dann auf die Arbeitsfläche geklopft werden, fallen alle Kerne heraus.
- Schokolade lässt sich auch in der Mikrowelle schmelzen. Zunächst zerteilen Sie sie in Stücke und geben diese in eine mikrowellengeeignete Schüssel. Bei mittlerer Wattzahl 10 Sekunden erhitzen, dann umrühren. Weiße Schokolade wird bei niedriger Wattzahl geschmolzen.
- Übrig gebliebene Semmelbrösel oder frisch geriebener Käse können portionsweise eingefroren werden.
- Übrig gebliebener Wein kann in einem Eiswürfelbereiter zu Eiswürfeln eingefroren werden. Mit diesen können Sie den nächsten Fleischeintopf geschmacklich abrunden.
- Wenn Sie Gemüse wie Zwiebeln im Mixer oder der Küchenmaschine klein hacken, hacken Sie gleich eine größere Menge und frieren Sie diese ein. Damit sparen Sie Zeit, wenn Sie das nächste Mal diese Zutaten für ein Gericht verwenden möchten.

Küchenhelfer

> **Wok:** Pfannenrühren gehört zu den schnellsten Garmethoden. Das Prinzip ist einfach: Die Zutaten werden in gleichmäßig große Streifen oder Würfel geschnitten und mit einer kleinen Menge Öl bei starker Hitze kurz angebraten. Ein Wok ist im Grunde eine leicht gewölbte konische Pfanne mit hohem Rand, in der die Zutaten beim ständigen Rühren immer wieder in die Mitte zurückfallen, wo die Hitze am stärksten ist. Woks mit rundem Boden eignen sich gut für Gaskochfelder. Für Elektroherde und Glaskeramik-Kochfelder gibt es Woks mit flachem Boden. Manche Modelle haben zwei halbrunde Griffe, andere sind mit einem langen Holzstiel versehen, der das Anheben des Wok erleichtert. Am praktischsten sind Woks aus schwerem Karbonstahl, der die Hitze schnell und gleichmäßig verteilt. In vielen Woks aus rostfreiem Stahl setzt das Bratgut an und viele der beschichteten Woks vertragen keine hohen Temperaturen. Ein neuer Wok sollte meist erst mit Öl ausgebrannt werden, damit nichts darin ansetzt. Folgen Sie einfach der Anleitung des Herstellers. Für eine vierköpfige Familie ist ein Wok mit 35 cm Durchmesser ideal.

> **Töpfe:** Mehrere Töpfe in unterschiedlichen Größen mit passenden Deckeln sind eine lohnende Anschaffung. Achten Sie darauf, dass alle Griffe, auch der am Deckel, hitzebeständig sind, damit Sie sie auch im Ofen nutzen können. Für Linkshänder ist eine Kasserolle sinnvoll, denn damit lassen sich auch mit links gut Flüssigkeiten ausgießen. Die Größe des Topfes beeinflusst den Garvorgang: Ist er zu klein, lassen sich Gerichte schlecht umrühren und Flüssigkeiten kochen leicht über. Einige Zutaten sind dann schon gar, während andere noch fast roh sind. Auch bei zu großen Töpfen garen Zutaten ungleichmäßig und das Kochen dauert länger und verbraucht mehr Energie. Ob Sie beschichtete oder unbeschichtete Töpfe bevorzugen, ist eine Frage des persönlichen Geschmacks.

> **Pfannen:** Eine große Pfanne (23–28 cm Durchmesser) ist unentbehrlich, um Zwiebeln, Fleisch oder andere Zutaten anzubraten. Mit einem hitzebeständigen Griff lässt sie sich auch im Backofen verwenden. Eine kleine Pfanne ist ideal, um Zutaten anzurösten oder Omeletts zu braten. In beschichteten Pfannen benötigen Sie kaum Öl.

- **Grillpfanne:** Grillpfannen gibt es mit glattem oder geriffeltem Boden. Für die optimale Hitzeverteilung werden sie meist aus Gusseisen gefertigt und eignen sich somit auch für starke Hitze. Pfannen mit geriffeltem Boden verhindern, dass das Grillgut im Fett schwimmt, und verleihen ihm die charakteristischen Grillstreifen.

- **Dämpfeinsatz:** Dämpfen ist eine sehr gesunde Garmethode, bei der die Zutaten in einem mit Löchern versehenen Behälter über kochendem Wasser, Wein oder Brühe gegart werden. Wer keinen Dämpfeinsatz besitzt, stellt ein Metallsieb auf einem Metall-Topfuntersetzer in einen flach mit Wasser gefüllten Topf. Spezielle Töpfe mit aufsetzbarem Dämpfeinsatz sind vielseitiger und erlauben es, gleichzeitig im Topf etwas zu garen und darüber etwas zu dämpfen. Faltbare blütenförmige Dämpfeinsätze sind in zwei Größen erhältlich und passen sich praktisch jeder Topfgröße an. Nur der Stab in der Mitte begrenzt ein wenig die Menge, die sich darin dämpfen lässt. Ein Universal-Dämpfaufsatz hat eine runde, gelochte Basis und seine Seiten sind gestuft, sodass er auf jeden Topf passt. Stapelbare Bambus-Dämpfer mit Deckel werden im Wok verwendet. Sie müssen vor dem ersten Gebrauch gründlich in kaltem Wasser eingeweicht werden. Wer gedämpfte Speisen besonders gerne mag, kann auch in einen elektrischen Dämpfer investieren. In diesem können Speisen auf mehreren Etagen gedämpft werden und er ist zur einfachen Reinigung vollständig zerlegbar.

- **Messer:** Qualitativ hochwertige Messer gehören in jede Küche – Kochmesser, Brotmesser, Filetiermesser und Schäl- bzw. Gemüsemesser sind ein Muss. Beim Kauf sollten Sie darauf achten, dass ein Messer gleichmäßig gewichtet ist und der Griff gut in der Hand liegt. Am besten bewahren Sie die Messer in einem Messerblock auf und behandeln sie sorgsam. Sie sollten immer gut geschärft sein, entweder mit einem Schleifstein aus Siliziumkarbid oder mit einem Wetzstahl.

- **Sparschäler:** Die Metallversion mit beweglicher Klinge ist am weitesten verbreitet und manche Ausführungen eignen sich sowohl für Rechts- als auch Linkshänder. Neben dem Schälen von Obst und Gemüse lassen sich mit ihm auch die langen Fasern von Sellerie und Rhabarber abziehen und Schokolade oder Parmesan dünn hobeln.

- **Pürierstab:** Mit diesem praktischen Küchenhelfer lassen sich in kurzer Zeit Suppen und Saucen fein pürieren oder aufschäumen.

- **Küchenmaschine:** Diese meist recht teuren Maschinen erleichtern die Arbeit und sparen viel Zeit. Neben dem Pürieren können Sie in ihnen auch Zutaten hacken, in Scheiben schneiden, mahlen, kneten, mixen, rühren und auch Semmelbrösel herstellen. Dabei gilt: Je leistungsstärker der Motor, desto langlebiger ist die Küchenmaschine. Deshalb sollte man bei dieser Anschaffung lieber etwas mehr Geld investieren.

>1

>2

>3

Fleisch

Gegrilltes Steak mit scharfer Chili-Salsa

Für 4 Personen

Zutaten
1 EL Sonnenblumenöl
4 Rinderhüftsteaks (à 250 g)
Salz und Pfeffer

Scharfe Chili-Salsa
4 frische rote Habanero-Chillies
4 frische grüne Poblano-Chillies
3 Tomaten, gehäutet, entkernt und gewürfelt
2 EL frisch gehackter Koriander
1 EL Rotweinessig
2 EL Olivenöl
Salz
Feldsalat, zum Garnieren

>1 Den Backofengrill vorheizen. Für die Salsa die Chillies auf ein mit Alufolie ausgelegtes Backblech legen. In den Ofen geben und unter mehrmaligem Wenden so lange backen, bis die Haut schwarz wird und Blasen wirft.

>2 Die Chillies aus dem Ofen nehmen und abkühlen lassen. Dann die Haut abziehen.

>3 Die Chillies entkernen, halbieren und fein hacken.

>4 Chillies, Tomaten und Koriander in einer Schüssel verrühren.

>5

Essig und Öl in einer zweiten Schüssel mischen. Mit Salz abschmecken und unter die Salsa rühren. Die Salsa abdecken und bis zur Verwendung kalt stellen.

>6

Eine Grillpfanne leicht mit Sonnenblumenöl einfetten und bei mittlerer Hitze erwärmen. Die Steaks mit Salz und Pfeffer würzen und je nach gewünschter Garstufe von jeder Seite 2–4 Minuten in der Pfanne braten.

Die Steaks auf Serviertellern anrichten, mit Feldsalat garnieren und mit der Salsa servieren.

Teriyaki-Steaks

Für 4 Personen

Zutaten
4 Rindersteaks (à 150 g)
Salz und Pfeffer
2 EL Pflanzenöl
200 g frische Bohnensprossen
4 Frühlingszwiebeln, in dünnen Ringen

Teriyaki-Sauce
2 EL Mirin (japanischer Reiswein)
2 EL Sake oder trockener Sherry
4 EL dunkle Sojasauce
1 TL Zucker

>1 Die Steaks nach Geschmack mit Salz und Pfeffer würzen und beiseitestellen.

>2 Für die Sauce Mirin, Sake, Sojasauce und Zucker in eine Schüssel geben und gut verrühren.

>3 1 Esslöffel Öl in einer Pfanne erhitzen. Die Bohnensprossen zugeben und unter Rühren 30 Sekunden andünsten.

>4 Die Bohnensprossen aus der Pfanne heben und auf Küchenpapier abtropfen lassen.

>5 Das restliche Öl in der Pfanne erhitzen und die Steaks darin je nach gewünschter Garstufe 1–3 Minuten von jeder Seite anbraten. Aus der Pfanne heben und warm stellen.

>6 Die Pfanne vom Herd nehmen und Sauce und Frühlingszwiebeln zufügen. Die Pfanne zurück auf den Herd stellen und die Sauce 2 Minuten köcheln lassen, bis sie andickt.

Die Steaks in Streifen schneiden und auf den Bohnensprossen anrichten. Die Sauce darübergießen und sofort servieren.

Paprikasteak-Wraps mit Meerrettichcreme

Für 4 Personen

Zutaten
4 Rinderhüftsteaks (à 175 g)
1 Knoblauchzehe, zerdrückt
2 TL Paprikapulver, plus etwas mehr zum Bestäuben
Salz und Pfeffer
1 TL Sonnenblumenöl
100 g Crème fraîche
3 EL Sahnemeerrettich
8 kleine Tortillas
80 g Rucolablätter
2 reife Avocados, geschält, entkernt und in Streifen
1 rote Zwiebel, in dünnen Streifen

>1 Die Steaks mit dem Knoblauch bestreichen und von beiden Seiten mit Paprikapulver, Salz und Pfeffer würzen.

>2 Das Sonnenblumenöl in einer Grillpfanne erhitzen. Die Steaks zugeben und unter einmaligem Wenden 6–8 Minuten grillen. Die Pfanne vom Herd nehmen und das Fleisch 5 Minuten ruhen lassen.

Die Meerrettichcreme mit Paprikapulver bestäuben und zu den Wraps reichen.

>3 Crème fraîche und Meerrettich mischen und die Tortillas mit der Hälfte der Creme bestreichen.

>4 Das Fleisch in Streifen schneiden, mit Rucola, Avocado und Zwiebel auf den Tortillas verteilen und diese aufrollen.

Pikantes Sesam-Rindfleisch

Für 4 Personen

Zutaten

500 g Filetsteak, in dünnen Streifen
1½ EL Sesamsaat
120 ml Rinderfond
2 EL Sojasauce
2 EL frisch geriebener Ingwer
2 Knoblauchzehen, fein gehackt
1 TL Speisestärke
½ TL Chiliflocken
3 EL Sesamöl
1 großer Brokkoli, in Röschen zerteilt
1 gelbe Paprika, in dünnen Streifen
1 frische rote Chili, in dünnen Streifen
1 EL Chiliöl (nach Belieben)
Salz und Pfeffer
1 EL frisch gehackter Koriander, zum Garnieren
gegarter Wildreis, zum Servieren

>1 Die Fleischstreifen mit 1 Esslöffel Sesamsaat in eine Schüssel geben und vermengen.

>2 In einer zweiten Schüssel Fond, Sojasauce, Ingwer, Knoblauch, Speisestärke und Chiliflocken verrühren.

>3 1 Esslöffel Sesamöl im Wok erhitzen und das Fleisch darin 2–3 Minuten pfannenrühren. Aus dem Wok heben und beiseitestellen. Den Wok sauber wischen.

>4 Das restliche Sesamöl im Wok erhitzen, Brokkoli, Paprika, Chili und, nach Belieben, Chiliöl zufügen und 2–3 Minuten unter Rühren garen.

>5 Die Fondmischung einrühren und 2 Minuten köcheln lassen.

>6 Das Fleisch in den Wok geben und die Flüssigkeit unter gelegentlichem Rühren 1–2 Minuten köcheln lassen, bis sie andickt. Mit dem restlichen Sesam bestreuen und mit Salz und Pfeffer abschmecken.

Mit Koriander garnieren und mit Wildreis servieren.

Chorizo-Chili-Eintopf mit Kichererbsen

Für 4 Personen

Zutaten
2 EL Olivenöl
1 Zwiebel, in Streifen
1 große gelbe Paprika, in Streifen
1 Knoblauchzehe, zerdrückt
1 TL Chiliflocken
250 g Chorizo
400 g gehackte Tomaten aus der Dose
400 g Kichererbsen aus der Dose, abgetropft
Salz und Pfeffer
200 g Basmatireis
1 Handvoll Rucolablätter
4 TL frisch gehacktes Basilikum, zum Garnieren

>1 Das Öl in einem Topf erhitzen und die Zwiebel darin unter gelegentlichem Rühren bei mittlerer Hitze 5 Minuten andünsten.

>2 Paprika, Knoblauch und Chiliflocken zugeben und unter Rühren weitere 2 Minuten dünsten.

>3 Die Chorizo in mundgerechte Stücke schneiden und in den Eintopf rühren.

>4 Tomaten und Kichererbsen zufügen und alles mit Salz und Pfeffer abschmecken. Aufkochen, den Topf bedecken und alles etwa 10 Minuten köcheln lassen.

>5 Den Reis in einen Topf mit kochendem Salzwasser geben und 10–12 Minuten garen. Abgießen und abtropfen lassen.

>6 Den Rucola in den Eintopf rühren.

Den Eintopf mit Basilikum garnieren und mit dem Reis servieren.

Rosmarin-Burger

Für 4 Personen

Zutaten
500 g frisches Rinderhackfleisch
1 kleine Zwiebel, fein gehackt
1 Knoblauchzehe, zerdrückt
1 TL frisch gehackter Rosmarin
Salz und Pfeffer
1 TL Öl
1 kleines Baguette, längs halbiert und in 4 Stücken
2 Tomaten, in Scheiben
4 Gewürzgurken, in Scheiben
4 EL griechischer Joghurt
2 EL frisch gehackte Minze

>1 Hackfleisch, Zwiebel, Knoblauch und Rosmarin in einer Schüssel vermengen. Mit Salz und Pfeffer würzen.

>2 Die Mischung in 4 Portionen teilen und mit den Händen zu flachen Frikadellen formen.

Die Burger mit dem Minzjoghurt beträufeln, mit der anderen Baguettehälfte abdecken und sofort servieren.

>3 Eine Grillpfanne mit dem Öl einfetten und die Burger unter einmaligem Wenden 6–8 Minuten goldbraun und gar braten.

>4 Je eine Frikadelle auf die untere Hälfte eines Baguetteviertels legen und mit Tomaten und Gurken belegen. Joghurt und Minze in einer Schüssel verrühren.

Schweinefleisch in Pflaumensauce

Für 4 Personen

Zutaten
600 g Schweinefilet
2 EL Erdnussöl
1 orangefarbene Paprika, in Streifen
1 Bund Frühlingszwiebeln, in Ringen
250 g Austernpilze, in Scheiben
300 g frische Bohnensprossen
2 EL trockener Sherry
150 ml Pflaumensauce
Salz und Pfeffer
250 g chinesische Eiernudeln
frisch gehackter Koriander, zum Garnieren

>1 Das Fleisch in dünne Streifen schneiden.

>2 Das Öl in einem Wok erhitzen und das Fleisch darin 2–3 Minuten pfannenrühren.

>3 Die Paprika zugeben und 2 Minuten unter Rühren anbraten. Dann Frühlingszwiebeln, Pilze und Bohnensprossen zufügen.

>4 Die Mischung 2–3 Minuten pfannenrühren. Sherry und Pflaumensauce zugießen und aufkochen lassen. Kräftig mit Salz und Pfeffer abschmecken.

>5 In der Zwischenzeit die Nudeln nach Packungsanleitung garen.

>6 Die Nudeln abgießen, in den Wok geben und mit der Fleischmischung vermengen.

Mit frischem Koriander garnieren
und sofort servieren.

Putenschnitzel mit Parmaschinken & Salbei

Für 2 Personen

Zutaten

2 Putenfilets
Salz und Pfeffer
2 Scheiben Parmaschinken, halbiert
4 frische Salbeiblätter
2 EL Weizenmehl
2 EL Olivenöl
1 EL Butter
Zitronenspalten, zum Servieren

1 Die Putenfilets horizontal halbieren.

Die Filets zwischen 2 Lagen Frischhaltefolie legen und mit dem Nudelholz leicht plattieren. Nach Geschmack salzen und pfeffern.

Jedes Filet mit einer halben Schinkenscheibe und einem Salbeiblatt belegen und mit einem Zahnstocher befestigen.

4 Das Mehl auf einem großen Teller nach Geschmack mit Salz und Pfeffer würzen und das Fleisch von beiden Seiten darin wenden.

>5 Das Öl in einer großen Pfanne erhitzen, die Butter zugeben und zerlassen. Die Schnitzel auf der Salbeiseite bei mittlerer Hitze etwa 1½ Minuten anbraten.

>6 Die Schnitzel wenden und weitere 30 Sekunden goldbraun braten.

Die Schnitzel auf Serviertellern anrichten und sofort mit Zitronenspalten servieren.

Sahnegnocchi mit Pute & Brokkoli

Für 4 Personen

Zutaten
1 EL Sonnenblumenöl
500 g Putenbruststreifen
2 Lauchstangen, schräg in Ringen
500 g frische Gnocchi
200 g Brokkoli, in Röschen zerteilt
85 g Crème fraîche
1 EL körniger Senf
3 EL Orangensaft
Salz und Pfeffer
3 EL geröstete Pinienkerne, zum Servieren

>1 Das Öl in einem Wok oder einer großen Pfanne erhitzen und Fleisch und Lauch bei starker Hitze 5–6 Minuten pfannenrühren.

>2 In der Zwischenzeit Gnocchi und Brokkoli in kochendem Salzwasser 3–4 Minuten garen.

Mit Pinienkernen bestreuen und servieren.

>3 Gnocchi und Brokkoli abgießen und unter die Putenmischung rühren.

>4 Crème fraîche, Senf und Orangensaft in einer kleinen Schüssel verrühren. Mit Salz und Pfeffer abschmecken und in den Wok geben.

Gebackenes Hühnchen mit Tapenade

Für 4 Personen

Zutaten
4 Hähnchenbrustfilets
4 EL grüne Tapenade
8 dünne Scheiben geräucherter Pancetta
2 Knoblauchzehen, gehackt
250 g Kirschtomaten, halbiert
Salz und Pfeffer
100 ml trockener Weißwein
2 EL Olivenöl
8 Scheiben Ciabatta

>1 Den Backofen auf 220 °C vorheizen. Die Filets je dreimal tief mit einem Messer einschneiden.

>2 Jedes Filet mit 1 Esslöffel Tapenade bestreichen und diese gut in die Einschnitte drücken.

>3 Jedes Filet mit je 2 Scheiben Pancetta umwickeln.

>4 Das Fleisch mit Knoblauch und Tomaten in eine flache Auflaufform geben.

>5 Nach Geschmack salzen und pfeffern, den Wein und 1 Esslöffel Öl darübergießen.

>6 Etwa 20 Minuten im Ofen garen, bis beim Einstechen an der dicksten Stelle nur klarer Fleischsaft austritt.

>7 Die Form locker mit Alufolie abdecken und das Fleisch 5 Minuten ruhen lassen.

>8 Das Ciabatta mit dem restlichen Öl bestreichen und auf den Grillrost des Backofens legen. Unter einmaligem Wenden 2–3 Minuten goldgelb toasten.

Fleisch und Tomaten auf Serviertellern anrichten und mit dem Garsud übergießen. Mit den Ciabatta-Scheiben servieren.

Gedämpftes Hühnchen mit Chili-Koriander-Butter

Für 4 Personen

Zutaten
50 g weiche Butter
1 frische Vogelaugen-Chili, entkernt und gehackt
3 EL frisch gehackter Koriander
4 Hähnchenbrustfilets (à 175 g)
Salz und Pfeffer
400 ml Kokosmilch
350 ml Hühnerbrühe
200 g Basmatireis

Eingelegtes Gemüse
1 Karotte
½ Salatgurke
3 Frühlingszwiebeln
2 EL Reisessig

>1 Die Butter mit Chili und Koriander mischen.

>2 In die Seite jedes Filets eine tiefe Tasche einschneiden.

>3 Ein Viertel der Butter in jede Tasche geben und jede Hähnchenbrust auf einen Bogen Backpapier legen.

>4 Nach Geschmack salzen und pfeffern, zwei gegenüberliegende Seiten des Papiers über dem Fleisch zusammenfalten und die Enden fest zudrehen.

>5 Kokosmilch und Brühe in einem großen Topf mit Dämpfeinsatz aufkochen und den Reis mit einer Prise Salz einrühren.

>6 Die Papierpakete in den Dämpfeinsatz legen, abdecken und 15–18 Minuten köcheln, bis der Reis gar und das Fleisch zart ist; dabei den Reis einmal durchrühren.

>7 Für das eingelegte Gemüse Karotte, Gurke und Frühlingszwiebeln in dünne Stifte schneiden und mit dem Reisessig beträufeln.

>8 Das Fleisch auspacken und den Garsud auffangen. Die Filets diagonal halbieren.

Das Fleisch auf dem Reis anrichten, den Garsud darübergießen und mit dem Gemüse servieren.

Hühnchen mit Sahne-Penne

Für 2 Personen

Zutaten
200 g Penne
1 EL Olivenöl
2 Hähnchenbrustfilets
4 EL trockener Weißwein
120 g Erbsen, Tiefkühlware
80 g Crème double
Salz und Pfeffer
4–5 EL frisch gehackte Petersilie, zum Garnieren

>1 In einem großen Topf Salzwasser zum Kochen bringen und die Nudeln nach Packungsanleitung garen, bis sie al dente sind.

>2 In der Zwischenzeit das Öl in einer Pfanne erhitzen und das Fleisch darin bei mittlerer Hitze etwa 4 Minuten von jeder Seite anbraten.

Mit Petersilie garnieren und servieren.

>3 Den Wein zugießen und bei starker Hitze auf ein Drittel reduzieren.

>4 Die Nudeln abgießen. Erbsen, Crème double und Nudeln in die Pfanne geben, mit Salz und Pfeffer abschmecken und gut verrühren. Abdecken und 2 Minuten köcheln lassen.

Entenbrust mit Zitrusglasur

Für 4 Personen

Zutaten
50 g brauner Zucker
fein abgeriebene Schale und Saft von 1 Orange
fein abgeriebene Schale und Saft von 1 Zitrone
fein abgeriebene Schale und Saft von 1 Limette
4 Entenbrustfilets mit Haut
Salz und Pfeffer
2 EL Olivenöl

Zum Servieren
gegarte Zuckerschoten
Orangenspalten

>1 Den Zucker in einem kleinen Topf knapp mit Wasser bedecken, vorsichtig erhitzen und unter Rühren auflösen.

>2 Schalen und Saft der Zitrusfrüchte zugeben und aufkochen.

>3 Die Hitze reduzieren und alles 10 Minuten zu einem Sirup einkochen. Vom Herd nehmen und warm stellen.

>4 Die Entenhaut mit einem scharfen Messer mehrfach kreuzförmig einschneiden und mit Salz und Pfeffer einreiben.

>5 Das Öl in einer Pfanne erhitzen, die Filets mit der Haut nach unten hineingeben und 5 Minuten von jeder Seite anbraten, bis das Fleisch gerade rosa ist. Warm stellen.

>6 Das Fleisch diagonal in 5–6 Scheiben schneiden und auf vorgewärmte Teller verteilen.

Die Glasur über das Fleisch geben. Mit Zuckerschoten und Orangenspalten garnieren und sofort servieren.

Honig-Aprikosen-Lamm mit Zitronen-Couscous

Für 4 Personen

Zutaten

4 Lammsteaks aus der Keule
4 EL gemahlener Koriander
1 EL gemahlener Kreuzkümmel
1 kleiner Butternusskürbis
1 EL Olivenöl
1 Zwiebel, gehackt
600 ml Hühnerbrühe
2 EL frisch gehackter Ingwer
100 g Trockenaprikosen
2 EL klarer Honig
fein abgeriebene Schale und Saft von 1 Zitrone
Salz und Pfeffer
200 g Couscous
3 EL frisch gehackte Minze, zum Garnieren

>1 Die Lammsteaks mit Koriander und Kreuzkümmel bestäuben.

>2 Das Kürbisfleisch in mundgerechte Stücke schneiden.

>3 Das Öl in einem Topf erhitzen und das Lamm darin unter einmaligem Wenden bei starker Hitze 2–3 Minuten anbraten.

>4 Kürbis, Zwiebel und die Hälfte der Brühe einrühren und aufkochen.

>5 Ingwer, Aprikosen, Honig und Zitronensaft zugeben und mit Salz und Pfeffer abschmecken. Abdecken und unter gelegentlichem Rühren bei mittlerer Hitze etwa 20 Minuten kochen lassen.

>6 Die restliche Brühe in einem kleinen Topf aufkochen, Couscous und Zitronenschale einrühren und mit Salz und Pfeffer abschmecken. Vom Herd nehmen, abdecken und 5 Minuten ziehen lassen.

Mit Minze garnieren und mit dem Couscous servieren.

Knusprige Lammkoteletts

Für 2 Personen

Zutaten

1 Knoblauchzehe, zerdrückt
1 EL Olivenöl
2 EL fein abgeriebene Orangenschale
2 EL fein abgeriebene Zitronenschale
Salz und Pfeffer
6 Lammkoteletts
Orangenspalten, zum Garnieren

>1 Eine Grillpfanne vorheizen.

>2 Knoblauch, Öl und Schalen der Zitrusfrüchte in einer Schüssel vermischen und mit Salz und Pfeffer abschmecken.

Mit den Orangenspalten garnieren und sofort servieren.

>3 Die Lammkoteletts mit der Mischung bestreichen.

>4 Die Koteletts in der heißen Pfanne 4–5 Minuten von jeder Seite grillen.

>1

>2

>3

Fisch

Gebratener Sesamlachs mit Pak Choi

Für 4 Personen

Zutaten
2,5-cm-Stück frische Ingwerwurzel
1 EL Sojasauce
1 TL Sesamöl
4 Lachsfilets ohne Haut
2 EL Sesamsaat
Limettenspalten, zum Servieren

Wokgemüse
2 kleine Pak Choi
1 Bund Frühlingszwiebeln
1 EL Sonnenblumenöl
1 TL Sesamöl
Salz und Pfeffer

>1 Den Ingwer fein reiben und in einer flachen Schale mit Sojasauce und Sesamöl vermischen.

>2 Die Lachsfilets von beiden Seiten in der Marinade wenden.

>3 Die Filets auf beiden Seiten jeweils mit der Hälfte der Sesamsaat bestreuen.

>4 Für das Wokgemüse den Pak Choi längs vierteln.

>5 Die Frühlingszwiebeln diagonal in dicke Scheiben schneiden.

>6 Eine beschichtete Pfanne erhitzen und die Lachsfilets darin von beiden Seiten 3–4 Minuten anbraten.

>7 In der Zwischenzeit Sonnenblumen- und Sesamöl in einem Wok erhitzen, Pak Choi und Frühlingszwiebeln zugeben und 2–3 Minuten pfannenrühren. Mit Salz und Pfeffer abschmecken.

>8 Das Gemüse auf vorgewärmte Teller verteilen und den Lachs darauf anrichten.

Sofort mit Limettenspalten
zum Beträufeln servieren.

Backfisch mit Chilimayonnaise

Für 4 Personen

Zutaten
200 g Weizenmehl
Salz und Pfeffer
3 Eier
150 g Matzemehl
450 g weiße Fischfilets, in Streifen
Sonnenblumen- oder Erdnussöl, zum Braten

Chilimayonnaise
2 EL süße Chilisauce
80 ml Mayonnaise

>1 Das Weizenmehl auf einem großen, flachen Teller mit reichlich Salz und Pfeffer mischen.

>2 Die Eier in einer Schüssel verquirlen.

>3 Das Matzemehl auf einem zweiten flachen Teller verteilen.

>4 Die Fischstücke nacheinander in Würzmehl, Ei und Matzemehl wenden.

>5 Das Öl 1 cm hoch in eine beschichtete Pfanne geben und erhitzen. Die Fischstücke darin in mehreren Portionen rundum einige Minuten goldgelb und gar ausbacken.

>6 Die Zutaten für die Chilimayonnaise in einer Schüssel vermengen.

Den Fisch auf vorgewärmte Teller verteilen
und mit Chilimayonnaise servieren.

Pfeffer-Thunfischsteaks

Für 4 Personen

Zutaten

4 Thunfischsteaks (à 175 g)
4 TL Sonnenblumen- oder Olivenöl
1 TL Salz
2 EL rosa, grüner und schwarzer Pfeffer, grob zerstoßen
1 Handvoll frische Rucolablätter, zum Garnieren
Zitronenspalten, zum Servieren

>1 Die Thunfischsteaks mit Öl bestreichen.

>2 Den Fisch mit Salz bestreuen.

Mit Rucola garnieren und mit Zitronenspalten zum Beträufeln servieren.

>3 Die Steaks im Pfeffer wenden.

>4 Eine Grillpfanne bei mittlerer Hitze erwärmen und den Thunfisch darin 2–3 Minuten von jeder Seite grillen.

Cremiges Fischgratin

Für 4 Personen

Zutaten
1 EL Olivenöl
2 Schalotten, fein gehackt
150 ml trockener Weißwein oder Fischfond
1 Lorbeerblatt
200 g Champignons, in Scheiben
100 g Crème fraîche
500 g weiße Fischfilets, in Stücken
Salz und Pfeffer
175 g gekochte Garnelen, ausgelöst
175 g Erbsen, tiefgefroren
40 g Butter
150 g frische Semmelbrösel
frisch gehackte Petersilie, zum Garnieren

>1 Das Öl in einer Kasserolle erhitzen und die Schalotten darin 2–3 Minuten glasig dünsten.

>2 Wein oder Fischfond, Lorbeerblatt und Champignons zufügen und unter gelegentlichem Rühren 2 Minuten köcheln lassen.

>3 Die Crème fraîche einrühren, den Fisch zugeben und mit Salz und Pfeffer abschmecken.

>4 Aufkochen, abdecken und 5–6 Minuten köcheln lassen, bis der Fisch fast gar ist.

>5 Das Lorbeerblatt entfernen, Garnelen und Erbsen zufügen und erneut aufkochen.

>6 In der Zwischenzeit die Butter in einem zweiten Topf zerlassen und die Semmelbrösel einrühren. Den Backofengrill vorheizen.

>7 Die Bröselmischung gleichmäßig über dem Fisch verteilen.

>8 Den Topf 3–4 Minuten unter den vorgeheizten Backofengrill stellen, bis der Belag goldbraun ist und Blasen wirft.

Mit frischer Petersilie bestreuen
und sofort servieren.

Seebarsch mit Oliven-Gremolata

Für 4 Personen

Zutaten
900 g kleine neue Kartoffeln
4 Seebarschfilets (à 175 g)
1 EL Olivenöl
Salz und Pfeffer
4 EL trockener Weißwein

Oliven-Gremolata
abgeriebene Schale von 1 Zitrone
1 Knoblauchzehe, gehackt
2 große Handvoll glatte Petersilie
70 g schwarze Oliven, entsteint
2 EL Kapern
2 EL Olivenöl

>1 Die Kartoffeln in kochendem Salzwasser etwa 15–20 Minuten garen.

>2 Für die Gremolata Zitronenschale, Knoblauch, Petersilie, Oliven, Kapern und Öl im Mixer zu einer groben Paste pürieren.

>3 Den Fisch mit Öl bestreichen und nach Geschmack salzen und pfeffern. Eine Pfanne erhitzen und den Fisch darin unter einmaligem Wenden 5–6 Minuten braten.

>4 Den Fisch aus der Pfanne heben und warm stellen. Den Wein in die Pfanne gießen und unter Rühren 1 Minute kochen lassen.

>5 Die Gremolata zum Wein geben und unter Rühren einige Sekunden erhitzen.

>6 Die Kartoffeln abgießen und mit einem Holzlöffel oder einem Kartoffelstampfer kurz zerdrücken.

Die Gremolata über Seebarsch und Kartoffeln geben und sofort servieren.

Schnelle Thunfisch-Pizza

Für 1 Person

Zutaten
3 EL rotes Pesto
1 Fertig-Pizzaboden (30 cm)
200 g Thunfisch in Öl aus der Dose, abgetropft
175 g Kirschtomaten, halbiert
100 g Mozzarella, gewürfelt
2 EL Kapern
8 kleine schwarze Oliven, entsteint
Salz und Pfeffer
1 EL Olivenöl

>1 Den Backofen auf 220 °C vorheizen. Den Pesto gleichmäßig auf dem Pizzaboden verstreichen.

>2 Den Thunfisch grob zerteilen und auf der Pizza verteilen.

Die Pizza heiß oder kalt servieren.

>3 Die Pizza gleichmäßig mit Tomaten, Mozzarella, Kapern und Oliven belegen und mit Salz und Pfeffer abschmecken.

>4 Die Pizza mit Öl beträufeln und im Ofen etwa 15 Minuten goldbraun backen.

Heißer Räucherlachs auf Dill-Rösti

Für 4 Personen

Zutaten

800 g mehlig kochende Kartoffeln
1 Zwiebel
2 EL frisch gehackter Dill, plus Dillzweige zum Garnieren
1 TL Selleriesalz
Pfeffer
25 g Butter
2 EL Olivenöl
1 Bund Brunnenkresse
1 EL Walnussöl
2 EL Zitronensaft
250 g Räucherlachs, grob zerteilt
Zitronenspalten, zum Servieren

>1 Kartoffeln und Zwiebel in der Küchenmaschine grob zerkleinern. In ein sauberes Geschirrtuch geben und möglichst viel Flüssigkeit herausdrücken.

>2 Dill und Selleriesalz einrühren und kräftig mit Pfeffer abschmecken. In 8 Portionen aufteilen.

>3 Die Hälfte der Butter und des Olivenöls in einer großen Pfanne erhitzen. 4 Portionen Kartoffelmischung in die Pfanne geben, flach drücken und von der Unterseite 4–5 Minuten goldbraun braten.

>4 Die Rösti wenden und von der anderen Seite ebenfalls goldbraun braten. Aus der Pfanne heben und während der Zubereitung der restlichen Rösti warm stellen.

>5 Brunnenkresse, Walnussöl und 1 Esslöffel Zitronensaft vermischen, auf Teller verteilen und die Rösti darauflegen.

>6 Den Lachs auf den Tellern anrichten, mit dem restlichen Zitronensaft beträufeln und nach Geschmack pfeffern.

Mit Dillzweigen garnieren und
mit Zitronenspalten servieren.

Thailändischer Meeresfrüchteeintopf

Für 4 Personen

Zutaten

200 g Tintenfischmäntel
500 g weißes Fischfilet, z. B. Seeteufel oder Heilbutt
1 EL Maisöl
4 Schalotten, fein gehackt
2 Knoblauchzehen, fein gehackt
2 EL grüne Thai-Currypaste
2 kleine Zitronengrasstängel, fein gehackt
1 TL Garnelenpaste
500 ml Kokosmilch
200 g rohe Garnelen, ausgelöst und Darmfäden entfernt
12 frische Venusmuscheln, abgebürstet
8 frisch gehackte Basilikumblätter, plus etwas mehr zum Garnieren
frisch gegarter Reis, zum Servieren

>1 Den Tintenfisch mit einem scharfen Messer in breite Ringe und das Fischfilet in mundgerechte Stücke schneiden.

>2 Das Öl in einem großen Wok erhitzen. Schalotten, Knoblauch und Currypaste zufügen und 1–2 Minuten pfannenrühren.

>3 Zitronengras und Garnelenpaste zugeben, die Kokosmilch einrühren und aufkochen.

>4 Die Hitze reduzieren, Tintenfisch, Fisch und Garnelen zugeben und 2 Minuten köcheln lassen.

>5 Alle beschädigten Muscheln und solche, die sich beim Gegenklopfen nicht schließen, aussortieren. Die Muscheln zugeben und 1 Minute köcheln lassen, bis sie sich öffnen. Exemplare, die sich nicht geöffnet haben, aussortieren.

>6 Den Eintopf mit dem gehackten Basilikum bestreuen.

Die Muscheln auf Tellern anrichten, mit Basilikumblättern garnieren und sofort mit Reis servieren.

Pikante Makrele mit Salsa

Für 4 Personen

Zutaten
2 TL gemahlener Koriander
2 TL gemahlener Kreuzkümmel
½ TL Kurkuma
¼ TL Cayennepfeffer
1 Prise Salz
8 Makrelenfilets
Fladenbrot, zum Servieren

Salsa
1 kleine Avocado
1 kleine Mango
1 kleine Zwiebel, fein gehackt
Saft von 1 Limette

>1 Eine Grillpfanne erhitzen. Koriander, Kreuzkümmel, Kurkuma, Cayennepfeffer und Salz mischen.

>2 Die Filets auf der Hautseite mehrfach tief einschneiden und rundum mit der Würzmischung einreiben.

Die Makrelen mit Salsa garnieren und mit Fladenbrot servieren.

>3 Für die Salsa Avocado und Mango halbieren und fein würfeln. Mit Zwiebel und Limettensaft vermengen.

>4 Die Makrelen in der vorgeheizten Pfanne unter einmaligem Wenden 6–8 Minuten gar grillen.

Linguine mit Sardinen

Für 4 Personen

Zutaten
8 küchenfertige Sardinen
4 EL Olivenöl
3 Knoblauchzehen, in Scheiben
1 TL Chiliflocken
1 Fenchelknolle, in dünnen Streifen
350 g Linguine
½ TL fein abgeriebene Zitronenschale
1 EL Zitronensaft
2 EL geröstete Pinienkerne
2 EL frisch gehackte Petersilie
Salz und Pfeffer

>1 Die Sardinen in große Stücke schneiden und beiseitestellen.

>2 3 Esslöffel Öl in einer großen Pfanne bei mittlerer Hitze erwärmen und Knoblauch und Chiliflocken hineingeben.

>3 Die Mischung 1 Minute andünsten. Den Fenchel zugeben und unter gelegentlichem Rühren 4–5 Minuten garen.

>4 Die Hitze reduzieren, die Sardinen zugeben und weitere 3–4 Minuten braten.

>5 In der Zwischenzeit die Nudeln in einen Topf mit kochendem Salzwasser geben und so lange garen, bis sie al dente sind.

>6 Abgießen, gut abtropfen lassen und zurück in den Topf geben.

>7 Zitronenschale, Zitronensaft, Pinienkerne und Petersilie zu den Sardinen geben und alles vermengen. Mit Salz und Pfeffer abschmecken.

>8 Die Sardinenmischung mit dem restlichen Öl zu den Nudeln geben und vorsichtig verrühren.

In eine vorgewärmte Schüssel geben und sofort servieren.

Calamari mit Garnelen & dicken Bohnen

Für 4–6 Personen

Zutaten
2 EL Olivenöl
4 Frühlingszwiebeln, in dünnen Scheiben
2 Knoblauchzehen, fein gehackt
500 g Tintenfischmäntel, in dicken Ringen
100 ml trockener Weißwein
225 g frische oder tiefgefrorene dicke Bohnen
250 g rohe Garnelen, ausgelöst und Darmfäden entfernt
4 EL frisch gehackte glatte Petersilie
Salz und Pfeffer
frisches Brot, zum Servieren

>1 Das Öl in einer Pfanne mit Deckel erhitzen und die Frühlingszwiebeln darin unter gelegentlichem Rühren bei mittlerer Hitze 4–5 Minuten andünsten, bis sie weich sind.

>2 Den Knoblauch zugeben und unter Rühren 30 Sekunden andünsten.

>3 Den Tintenfisch zufügen und unter gelegentlichem Rühren bei starker Hitze 2 Minuten goldbraun anbraten.

>4 Den Wein einrühren und aufkochen. Die Bohnen zugeben, die Hitze reduzieren und abgedeckt 5–8 Minuten (frische Bohnen) bzw. 4–5 Minuten (tiefgefrorene Bohnen) köcheln lassen, bis sie gar sind.

>5 Die Garnelen zufügen, erneut abdecken und weitere 2–3 Minuten köcheln lassen, bis sie gar sind.

>6 Die Petersilie einrühren und alles mit Salz und Pfeffer abschmecken.

Sofort mit frischem Brot servieren.

Seeteufel mit Zitronen-Petersilie-Kruste

Für 4 Personen

Zutaten
4 EL Sonnenblumenöl
4 EL frische Semmelbrösel
4 EL frisch gehackte Petersilie, plus Petersilienzweige zum Garnieren
fein abgeriebene Schale von 1 großen Zitrone
Salz und Pfeffer
4 Seeteufelfilets (à 140–175 g)

>1 Den Backofen auf 180 °C vorheizen Öl, Semmelbrösel, Petersilie und Zitronenschale in einer Schale gründlich verrühren. Mit Salz und Pfeffer abschmecken.

>2 Die Fischfilets auf ein Backblech legen.

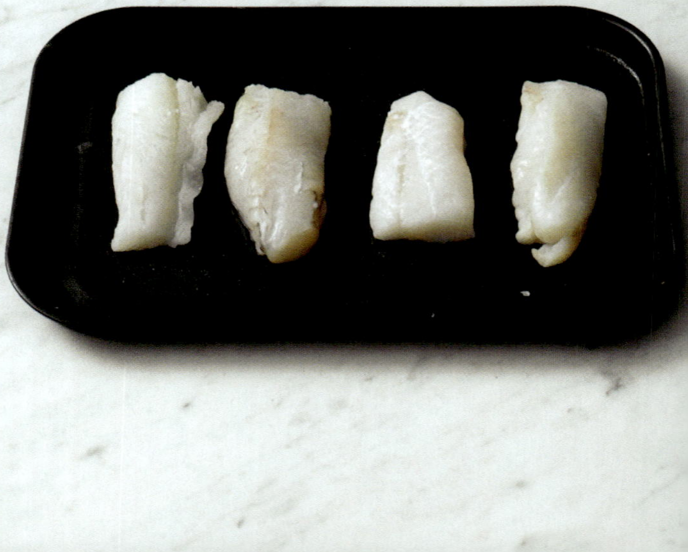

Mit Petersilienzweigen garnieren
und servieren.

Die Semmelbröselmischung auf den Fischfilets verteilen und mit den Fingern gut andrücken.

Den Fisch etwa 7–8 Minuten im Ofen garen.

Thailändische Garnelennudeln

Für 4 Personen

Zutaten

1 Bund Frühlingszwiebeln
2 Selleriestangen
1 rote Paprika
200 g Reis-Vermicelli
2 EL Erdnussöl
50 g Erdnüsse
1 Vogelaugen-Chili, in Ringen
1 Zitronengrasstängel, zerdrückt
400 ml Fischfond oder Hühnerbrühe
200 ml Kokosmilch
2 TL thailändische Fischsauce
350 g gegarte Riesengarnelen, ausgelöst
Salz und Pfeffer
3 EL frisch gehackter Koriander, zum Garnieren

>1 Frühlingszwiebeln und Sellerie diagonal in dünne Scheiben schneiden. Die Paprika in dünne Streifen schneiden.

>2 Die Nudeln nach Packungsanweisung garen. Abgießen und gut abtropfen lassen.

>3 Das Öl in einem Wok erhitzen und die Erdnüsse darin unter Rühren 1–2 Minuten goldgelb rösten. Mit dem Schaumlöffel herausnehmen.

>4 Das Gemüse in den Wok geben und bei starker Hitze 1–2 Minuten pfannenrühren.

>5 Chili, Zitronengras, Fond, Kokosmilch und Fischsauce zugeben und aufkochen.

>6 Die Garnelen zufügen und alles unter Rühren aufkochen. Mit den Nudeln vermischen und mit Salz und Pfeffer abschmecken.

In vorgewärmte Schalen füllen, mit frischem Koriander garnieren und servieren.

Ingwergarnelen mit Austernpilzen

Für 4 Personen

Zutaten
150 ml Hühnerbrühe
2 TL Sesamsaat
1 EL frisch geriebener Ingwer
1 EL Sojasauce
¼ TL scharfe Chilisauce
1 TL Speisestärke
3 EL Pflanzenöl
3 Karotten, in dünnen Scheiben
350 g Austernpilze, in dünnen Streifen
1 große rote Paprika, in dünnen Streifen
450 g rohe Riesengarnelen, ausgelöst und Darmfäden entfernt
2 Knoblauchzehen, zerdrückt
frische Korianderzweige, zum Garnieren
frisch gegarter Reis, zum Servieren

>1 Brühe, Sesamsaat, Ingwer, Sojasauce, Chilisauce und Stärke in einer kleinen Schüssel gut vermengen. Beiseitestellen.

>2 2 Esslöffel Öl in einem großen Wok erhitzen. Die Karotten darin 3 Minuten pfannenrühren, aus dem Wok heben und beiseitestellen.

>3 Das restliche Öl im Wok erhitzen und die Pilze darin 2 Minuten unter Rühren anbraten. Aus dem Wok nehmen und beiseitestellen.

>4 Paprika, Garnelen und Knoblauch in den Wok geben und 3 Minuten pfannenrühren, bis die Garnelen gar sind.

>5 Die vorbereitete Sauce erneut verrühren und in den Wok geben.

>6 Alles aufkochen lassen, Karotten und Pilze zufügen und abgedeckt 2 Minuten garen.

Mit Korianderzweigen garnieren und mit Reis servieren.

Miesmuscheln im Weißweinsud

Für 4 Personen

Zutaten
120 g Butter
1 Schalotte, gehackt
3 Knoblauchzehen, fein gehackt
2 kg Miesmuscheln, abgebürstet und Bärte entfernt
225 ml trockener Weißwein
½ TL Salz
Pfeffer
4 EL frisch gehackte Petersilie
frisches Brot, zum Servieren

>1 Die Hälfte der Butter in einer Kasserolle bei schwacher Hitze zerlassen. Schalotte und Knoblauch zufügen und 2 Minuten andünsten.

>2 Alle beschädigten Muscheln und alle, die sich beim Gegenklopfen nicht öffnen, aussortieren. Muscheln und Wein in den Topf geben und mit Salz und Pfeffer abschmecken. Abdecken, aufkochen und unter gelegentlichem Rütteln 3 Minuten garen.

Sofort mit frischem Brot servieren.

>3 Die Muscheln mit dem Schaumlöffel aus dem Topf heben und auf Servierschalen verteilen. Alle noch geschlossenen Muscheln aussortieren.

>4 Die restliche Butter und die Petersilie in den Garsud rühren. Aufkochen und über die Muscheln gießen.

>1
>2
>3

Vegetarisch

Spargelrisotto mit Walnüssen

Für 4 Personen

Zutaten
20 g Butter
3 EL Olivenöl
1 kleine Zwiebel, fein gehackt
350 g Risottoreis
150 ml trockener Weißwein
1,5 l heiße Gemüsebrühe
200 g Spargelspitzen, in 6 cm langen Stücken
40 g gehackte Walnüsse
abgeriebene Schale von 1 Zitrone
Salz und Pfeffer
Walnussöl, zum Servieren
Zitronenzesten, zum Garnieren

>1 Butter und Olivenöl in einem großen Topf erhitzen und die Zwiebel darin unter Rühren 3–4 Minuten glasig dünsten.

>2 Den Reis zugeben und bei mittlerer Hitze 1 Minute unter Rühren glasig dünsten.

>3 Den Wein zugießen und unter Rühren nahezu vollständig einkochen lassen.

>4 Die Brühe löffelweise einrühren, sodass sie vollständig vom Reis aufgenommen wird, bevor die nächste Portion zugefügt wird.

>5 Nach 10 Minuten den Spargel zugeben und weitergaren. Bei Bedarf mehr Brühe zugeben.

>6 In 5 Minuten den Spargel gar und den Reis bissfest kochen.

>7 Walnüsse und Zitronenschale einrühren und mit Salz und Pfeffer abschmecken.

>8 Den Risotto vom Herd nehmen, nach Belieben etwas Walnussöl darüberträufeln und leicht verrühren.

Den Risotto mit Zitronenzesten garnieren und sofort servieren.

Tortilla mit Feta & Mais

Für 3–4 Personen

Zutaten
350 g Kartoffeln
2 EL Olivenöl
1 Zwiebel, gehackt
1 Zucchini, grob gerieben
200 g Mais aus der Dose, abgetropft
6 Eier
Salz und Pfeffer
100 g Feta, zerkrümelt
Paprikapulver, zum Garnieren

>1 Die Kartoffeln schälen oder abbürsten und in 1 cm große Würfel schneiden.

>2 Die Kartoffeln in einen Topf mit kochendem Salzwasser geben und 5 Minuten garen. Abgießen.

>3 Das Öl in einer großen Pfanne bei mittlerer Hitze erwärmen und die Zwiebel darin etwa 5 Minuten glasig andünsten.

>4 Zucchini und Kartoffeln zugeben und 2 Minuten kochen. Den Mais einrühren.

>5 Die Eier leicht verquirlen und mit Salz und Pfeffer abschmecken.

>6 Die Eier in die Pfanne geben, den Feta darüberstreuen und die Mischung 4–6 Minuten stocken lassen.

>7 In der Zwischenzeit den Backofengrill vorheizen und die Tortilla darunter 2–3 Minuten grillen, bis sie fest und goldbraun ist.

>8 Die Tortilla mit Paprikapulver bestäuben und in 4–6 Ecken schneiden.

Die Tortilla heiß oder kalt servieren.

Käse-Makkaroni

Für 4 Personen

Zutaten
250 g Makkaroni
250 g Ricotta
1½ TL körniger Senf
3 EL frisch gehacktes Schnittlauch, plus etwas mehr zum Garnieren
Salz und Pfeffer
200 g Kirschtomaten, halbiert
100 g getrocknete Tomaten in Öl, abgetropft und gehackt
Butter oder Öl, zum Einfetten
100 g Emmentaler, gerieben

>1 Die Makkaroni in einen Topf mit kochendem Salzwasser geben und nach Packungsanweisung al dente garen.

>2 Ricotta, Senf und Schnittlauch vermischen und mit Salz und Pfeffer abschmecken. Nudeln, Kirschtomaten und getrocknete Tomaten einrühren.

Mit Schnittlauch garnieren und sofort servieren.

>3 Eine Auflaufform einfetten. Die Makkaronimischung gleichmäßig darin verteilen.

>4 Den Backofengrill vorheizen. Die Makkaronimischung mit Emmentaler bestreuen und 4–5 Minuten unter dem Grill goldgelb überbacken.

Champignon-Blumenkohl-Auflauf

Für 4 Personen

Zutaten
1 Blumenkohl, in Röschen zerteilt
50 g Butter
120 g kleine Champignons, in Scheiben
Salz und Pfeffer

Belag
120 g Semmelbrösel
2 EL geriebener Parmesan
1 TL getrockneter Oregano
1 EL getrocknete Petersilie
25 g Butter

>1 Den Blumenkohl in einen Topf mit kochendem Salzwasser geben und 3 Minuten garen.

>2 Den Blumenkohl gut abtropfen lassen und in eine flache Auflaufform geben.

>3 Den Backofen auf 230 °C vorheizen. Die Butter in einer kleinen Pfanne bei mittlerer Hitze zerlassen. Die Champignons zugeben und 3 Minuten anbräunen.

>4 Die Champignons über den Blumenkohl geben. Mit Salz und Pfeffer abschmecken.

>5 Für den Belag Semmelbrösel, Parmesan und Kräuter in einer kleinen Schüssel mischen und über das Gemüse streuen.

>6 Die Butter würfeln und auf dem Belag verteilen. Den Auflauf im Ofen 15 Minuten goldbraun überbacken.

Sofort in der Auflaufform servieren.

Jamaikanischer Bohnenreis mit Tofu

Für 4 Personen

Zutaten
250 g Tofu
2 EL frisch gehackter Thymian, plus einige Zweige zum Garnieren
Salz und Pfeffer
2 EL Olivenöl
1 Zwiebel, in Streifen
1 Knoblauchzehe, zerdrückt
1 kleine frische rote Chili, gehackt
400 ml Gemüsebrühe
200 g Basmatireis
4 EL Kokoscreme
400 g rote Kidneybohnen aus der Dose, abgetropft

>1 Den Tofu in mundgerechte Stücke schneiden, mit der Hälfte des gehackten Thymians vermengen und mit Salz und Pfeffer abschmecken.

>2 1 Esslöffel Öl in einer Pfanne erhitzen und den Tofu darin unter gelegentlichem Rühren 2 Minuten anbraten. Aus der Pfanne nehmen und warm stellen.

>3 Die Zwiebel unter Rühren 3–4 Minuten im restlichen Öl andünsten.

>4 Knoblauch, Chili und den restlichen Thymian einrühren, die Brühe zugießen und aufkochen.

>5 Den Reis zufügen, die Hitze reduzieren und abgedeckt 12–15 Minuten köcheln lassen, bis der Reis gar ist.

>6 Kokoscreme und Bohnen zugeben, mit Salz und Pfeffer abschmecken und 2–3 Minuten köcheln lassen.

Den Tofu auf dem Reis anrichten, mit Thymian garnieren und sofort servieren.

Gegrillte Halloumispieße auf Fenchel-Bohnen-Salat

Für 4 Personen

Zutaten
200 g Halloumi
1 Knoblauchzehe, zerdrückt
1 Fenchelknolle, in Streifen
1 kleine rote Zwiebel, in Streifen
400 g weiße Bohnen aus der Dose, abgetropft
1–2 EL Balsamico, zum Servieren

Dressing
fein abgeriebene Schale und Saft von 1 Zitrone
3 EL frisch gehackte glatte Petersilie
4 EL Olivenöl
Salz und Pfeffer

>1 Für das Dressing Zitronenschale und -saft, Petersilie und Öl verrühren und mit Salz und Pfeffer abschmecken.

>2 Den Käse in 2 cm große Würfel schneiden, auf gewässerte Holzspieße stecken und mit der Hälfte des Dressings bestreichen.

Den Salat mit Balsamico beträufeln und zu den Spießen reichen.

>3 Den Grill vorheizen. Die Spieße unter einmaligem Wenden darunter 6–8 Minuten goldgelb grillen.

>4 Das restliche Dressing in einem kleinen Topf mit dem Knoblauch aufkochen und mit Fenchel, Zwiebel und Bohnen mischen.

Tofu mit Pak Choi

Für 4 Personen

Zutaten

2 EL Sonnenblumenöl
350 g Tofu, gewürfelt
250 g Pak Choi, grob gehackt
1 Knoblauchzehe, gehackt
4 EL süße Chilisauce
2 EL helle Sojasauce

>1 1 Esslöffel Öl in einem Wok erhitzen.

>2 Den Tofu darin portionsweise 2–3 Minuten pfannenrühren, bis er goldgelb ist. Herausheben und beiseitestellen.

>3 Den Pak Choi in den Wok geben und einige Sekunden garen, bis er zusammenfällt. Herausheben und beiseitestellen.

>4 Das restliche Öl im Wok erhitzen und den Knoblauch darin 30 Sekunden pfannenrühren.

>5 Chilisauce und Sojasauce zugeben und aufkochen.

>6 Tofu und Pak Choi zurück in den Wok geben und vorsichtig mit der Sauce vermengen.

Den Tofu auf Tellern anrichten
und sofort servieren.

Fusilli mit Zucchini & Zitrone

Für 4 Personen

Zutaten

90 ml Olivenöl
1 kleine Zwiebel, in sehr dünnen Streifen
2 Knoblauchzehen, sehr fein gehackt
2 EL frisch gehackter Rosmarin
1 EL frisch gehackte glatte Petersilie
450 g kleine Zucchini, in 4 cm langen Stiften
fein abgeriebene Schale von 1 Zitrone
Salz und Pfeffer
450 g Fusilli
4 EL frisch geriebener Parmesan, zum Servieren

>1 Das Öl in einer großen Pfanne bei mittlerer Hitze erwärmen und die Zwiebel darin unter gelegentlichem Rühren 10 Minuten goldgelb andünsten.

>2 Bei starker Hitze Knoblauch, Rosmarin und Petersilie zufügen und einige Sekunden unter Rühren anbraten.

>3 Zucchini und Zitronenschale zugeben und unter gelegentlichem Rühren 5–7 Minuten garen. Mit Salz und Pfeffer abschmecken. Beiseitestellen.

>4 Die Nudeln in einen Topf mit kochendem Salzwasser geben und so lange garen, bis sie al dente sind.

>5 Die Nudeln abgießen und in eine vorgewärmte Schüssel geben.

>6 Die Zucchini erneut kurz erhitzen, über die Nudeln geben und gut vermengen.

Mit Parmesan bestreuen
und sofort servieren.

Tomaten-Ratatouille

Für 4 Personen

Zutaten
1 TL Olivenöl
1 Zwiebel, in kleinen Spalten
2–4 Knoblauchzehen, gehackt
1 kleine Aubergine, gewürfelt
1 rote und 1 gelbe Paprika, gewürfelt
1 Zucchini, gehackt
2 EL Tomatenmark
3 EL Wasser
120 g Champignons, halbiert
250 g Tomaten, gehackt
Pfeffer
1 EL frisch gezupftes Basilikum, zum Garnieren
2 EL frisch geriebener Parmesan, zum Servieren

>1 Das Öl in einer Kasserolle erhitzen. Zwiebel, Knoblauch und Aubergine zugeben und unter Rühren 3 Minuten andünsten.

>2 Paprika und Zucchini zugeben.

Die Ratatouille auf vorgewärmte Teller verteilen, mit gezupftem Basilikum garnieren und mit frisch geriebenem Parmesan servieren.

>3 Tomatenmark und Wasser in einer kleinen Schüssel verrühren und zugießen. Aufkochen, abdecken, die Hitze reduzieren und 10 Minuten köcheln lassen.

>4 Champignons und Tomaten zugeben, mit Pfeffer abschmecken und weitere 12–15 Minuten unter gelegentlichem Rühren köcheln lassen, bis das Gemüse gar ist.

Champignon-Polenta-Türmchen

Für 4 Personen

Zutaten

250 g fertig zubereitete Polenta im Block
4 große braune Champignons
60 g Butter
1 Knoblauchzehe, zerdrückt
1 EL frisch gehackte Petersilie
1 EL frisch gehacktes Schnittlauch, plus etwas mehr zum Garnieren
Salz und Pfeffer
4 Eier
100 g kleine junge Spinatblätter
gehobelter Parmesan, zum Garnieren

>1 Den Backofengrill vorheizen. Die Polenta in 8 gleichmäßig dicke Scheiben schneiden und mit den Champignons auf ein mit Alufolie ausgelegtes Backblech legen.

>2 Die Butter in einem kleinen Topf mit dem Knoblauch zerlassen, Petersilie und Schnittlauch einrühren.

>3 Champignons und Polenta mit der Kräuterbutter bestreichen und mit Salz und Pfeffer abschmecken.

>4 6–8 Minuten unter einmaligem Wenden unter dem Grill rösten, bis die Polenta goldbraun ist und die Champignons zart sind.

>5 Wasser in einem Topf bis kurz unter den Siedepunkt erhitzen. Die Eier vorsichtig aufschlagen und ins Wasser geben.

>6 Die Eier 3 Minuten pochieren, bis sie gerade fest sind. Mit dem Schaumlöffel herausheben.

>7 Auf jeden Teller 2 Scheiben Polenta legen und einige Spinatblätter darauf anrichten.

>8 Jeweils einen Champignon und ein Ei daraufsetzen. Mit der restlichen Kräuterbutter beträufeln.

Mit Parmesan und Schnittlauch
garnieren und sofort servieren.

Wok-Nudeln

Für 2 Personen

Zutaten
140 g Reisnudeln
90 ml Sojasauce
2 EL Zitronensaft
1 TL Zucker
½ TL Speisestärke
1 EL Pflanzenöl
2 TL frisch geriebener Ingwer
2 Knoblauchzehen, gehackt
4–5 Frühlingszwiebeln, in Ringen
2 EL Reiswein oder trockener Sherry
200 g Wasserkastanien aus der Dose, abgetropft und in Scheiben

>1 Die Nudeln in einer großen Schüssel nach Packungsanweisung garen. Abgießen und unter fließend kaltem Wasser abspülen.

>2 Sojasauce, Zitronensaft, Zucker und Speisestärke in einer kleinen Schüssel verrühren und beiseitestellen.

>3 Das Öl im Wok erhitzen, Ingwer und Knoblauch zugeben und 1 Minute pfannenrühren.

>4 Die Frühlingszwiebeln zugeben und unter häufigem Rühren 3 Minuten anbraten.

>5 Den Reiswein zugießen, die Saucenmischung einrühren und 1 Minute kochen.

Wasserkastanien und Nudeln zufügen und weitere 1–2 Minuten garen.

Das Nudelgericht auf Teller verteilen
und sofort servieren.

Falafel-Burger

Für 4 Personen

Zutaten

800 g Kichererbsen aus der Dose, abgetropft
1 kleine Zwiebel, gehackt
fein abgeriebene Schale und Saft von 1 Limette
2 TL gemahlener Koriander
2 TL gemahlener Kreuzkümmel
Salz und Pfeffer
100 g Weizenmehl
4 EL Olivenöl
4 frische Basilikumzweige, zum Garnieren
Tomaten-Salsa, zum Servieren

>1 Kichererbsen, Zwiebel, Limettenschale und -saft und die Gewürze im Mixer zu einer groben Masse verarbeiten und mit Salz und Pfeffer abschmecken.

>2 Die Masse zu 4 Burgern formen.

Mit Basilikum garnieren und mit Tomaten-Salsa servieren.

>3 Das Mehl auf einen großen Teller geben und die Burger darin wenden.

>4 Das Öl in einer großen Pfanne erhitzen, die Burger hineingeben und bei mittlerer Hitze von jeder Seite 2 Minuten knusprig braten.

Tacos mit Kichererbsen-Salsa

Für 4 Personen

Zutaten

2 reife Avocados
1 EL Limettensaft
1 Tomate, gewürfelt
Salz und Pfeffer
1 EL Olivenöl
1 kleine Zwiebel, in Streifen
400 g Kichererbsen aus der Dose, abgetropft
1 TL mildes Chilipulver
8 Romana-Salatblätter
8 kleine Maistortillas
2 EL frisch gehackter Koriander, plus einige Zweige zum Garnieren
150 g saure Sahne, zum Servieren

>1 Die Avocados würfeln und mit dem Limettensaft vermengen.

>2 Die Tomate zugeben und alles kräftig mit Salz und Pfeffer abschmecken.

>3 Das Öl in einem Topf erhitzen und die Zwiebel darin 3–4 Minuten goldbraun anbraten.

>4 Die Kichererbsen mit einer Gabel zerdrücken, mit dem Chilipulver in den Topf geben und unter Rühren 2 Minuten sanft erhitzen.

>5 Ein Salatblatt in jede Tortilla legen. Den gehackten Koriander in die Avocado-Tomaten-Salsa einrühren und die Salsa auf den Tortillas verteilen.

>6 Je einen Löffel der Kichererbsencreme und einen Löffel saure Sahne auf jede Tortilla geben.

Mit Korianderzweigen garnieren und sofort servieren.

Ziegenkäsetörtchen

Ergibt 12 Stück

Zutaten

zerlassene Butter, zum Einfetten

400 g fertiger Blätterteig

Mehl, zum Bestäuben

1 Ei, verquirlt

etwa 3 EL Zwiebel- oder Tomaten-Relish

350 g Ziegenkäserolle, in Scheiben

Olivenöl, zum Beträufeln

Pfeffer

>1 Den Backofen auf 200 °C vorheizen. 1–2 Backbleche mit der zerlassenen Butter einfetten.

>2 Den Blätterteig auf einer leicht bemehlten Arbeitsfläche auslegen und bei Bedarf mit einem Nudelholz glätten.

>3 Mit einem Ausstecher (7,5 cm) so viele Teigkreise wie möglich ausstechen.

>4 Die Kreise auf den Backblechen verteilen und mit einem zweiten Ausstecher (5 cm) in jeden Teigkreis eine kleine Rille eindrücken (aber nicht durchstechen).

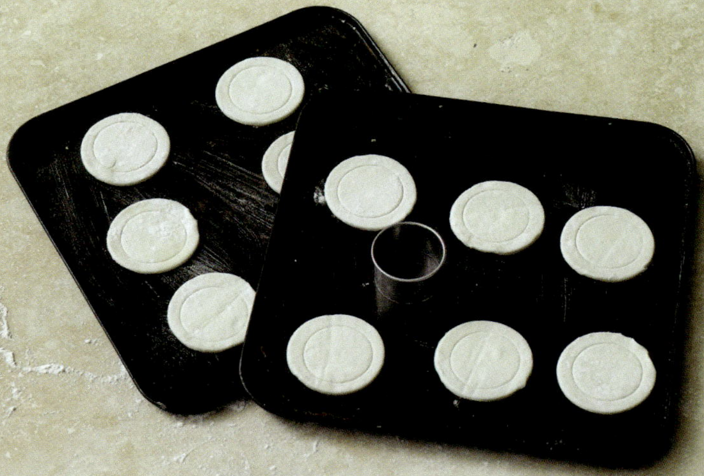

>5 Die Teigkreise mit dem Ei bestreichen und mehrfach mit der Gabel einstechen.

>6 Auf jeden Kreis einen Löffel Relish geben und eine Scheibe Ziegenkäse darauflegen.

>7 Mit Olivenöl beträufeln und mit etwas Pfeffer bestreuen.

>8 Im vorgeheizten Ofen etwa 8–10 Minuten back
bis der Teig aufgegangen und knusprig ist und
Käse Blasen wirft.

Sofort servieren.

Gemüse-Frittata

Für 2–4 Personen

Zutaten

1 TL Olivenöl
1 Zwiebel, in schmalen Spalten
1–2 Knoblauchzehen, zerdrückt
2 Eier
2 Eiweiß
1 Zucchini, gerieben
2 Karotten, gerieben
2 Tomaten, gehackt
Pfeffer
1 EL frisch zerzupftes Basilikum, zum Garnieren

>1 Das Öl in einer beschichteten Pfanne erhitzen und Zwiebel und Knoblauch darin unter häufigem Rühren 5 Minuten andünsten.

>2 Eier und Eiweiß in einer Schüssel verquirlen und in die Pfanne geben.

Die Frittata mit dem Basilikum bestreuen, vierteln und servieren.

>3 Das Ei mit einem Pfannenwender vom Rand der Pfanne lösen, damit es gleichmäßig stockt.

>4 Sobald das Ei zu stocken beginnt, Zucchini, Karotten und Tomaten daraufgeben. Mit Pfeffer abschmecken und bei schwacher Hitze garen, bis das Ei die gewünschte Konsistenz hat.

>1

>2

>3

Desserts

Schnelles Tiramisu

Für 4 Personen

Zutaten
225 g Mascarpone
1 Ei, getrennt
2 EL Naturjoghurt
2 EL Zucker
2 EL dunkler Rum
2 EL starker schwarzer kalter Kaffee
8 Löffelbiskuits
2 EL geriebene Zartbitterschokolade

>1 Mascarpone, Eigelb und Joghurt in eine große Schüssel geben und zu einer glatten Creme verrühren.

>2 Das Eiweiß in einer zweiten Schüssel steif, aber nicht trocken schlagen.

>3 Den Zucker zugeben und das Eiweiß unter die Mascarponecreme heben.

>4 Die Hälfte der Creme auf 4 Dessertgläser verteilen.

>5 Rum und Kaffee in einer flachen Schale vermengen.

>6 Die Löffelbiskuits in der Kaffee-Rum-Mischung tränken, zerkleinern und auf die Gläser verteilen.

>7 Die restliche Kaffee-Rum-Mischung in die übrige Mascarponecreme einrühren und diese auf die Dessertgläser verteilen.

>8 Mit der Schokolade bestreuen.

Sofort servieren oder bis zum Servieren abgedeckt im Kühlschrank aufbewahren.

Karamell-Eisbecher mit Mango & Ingwer

Für 4 Personen

Zutaten
100 g heller Muskovado-Zucker
100 g heller Zuckerrübensirup
55 g Butter
100 ml Crème double
2–3 Tropfen Vanillearoma
1 große reife Mango
115 g Ingwerplätzchen
1 l Vanille-Eiscreme
2 EL Mandeln, geröstet und grob gehackt, zum Garnieren

>1 Für die Karamellsauce Zucker, Zuckerrübensirup und Butter in einem kleinen Topf zerlassen und unter Rühren 3 Minuten köcheln, bis eine glatte Masse entsteht.

>2 Crème double und Vanillearoma einrühren und den Topf vom Herd nehmen.

>3 Die Mango in etwa 1 cm große Würfel schneiden.

>4 Die Ingwerplätzchen in einen Gefrierbeutel geben, fest verschließen und mit dem Nudelholz leicht zerkrümeln.

>5 Die Hälfte der Mangowürfel auf 4 Dessertgläser verteilen und jeweils eine Kugel Eis daraufgeben.

>6 Das Eis mit etwas Karamellsauce beträufeln und mit Plätzchenkrümeln bestreuen.

Das Dessert mit gerösteten Mandeln
garnieren und sofort servieren.

Karamellisierte Äpfel mit Pekannüssen

Für 4 Personen

Zutaten

55 g Butter
55 g heller Muskovado-Zucker
4 knackige Speiseäpfel, in Spalten
1 TL Zimtpulver
4 dicke Scheiben Brioche oder süßes Hefebrot
4 EL Rum oder Apfelsaft
30 g Pekannüsse

>1 Die Butter in einer Pfanne zerlassen und Zucker, Äpfel und Zimt zugeben.

>2 Unter gelegentlichem Rühren bei mittlerer Hitze 5–6 Minuten köcheln, bis die Äpfel goldbraun und karamellisiert sind.

Die Apfelmischung auf die getoasteten Brotscheiben verteilen und sofort servieren.

>3 In der Zwischenzeit Brioche oder Hefebrot goldbraun toasten.

>4 Rum oder Apfelsaft und Pekannüsse in die Pfanne geben und 1 Minute köcheln lassen.

Himbeer-Croissant-Dessert

Für 4 Personen

Zutaten
30 g Butter, zerlassen
4 Croissants
225 g frische Himbeeren
4 EL Ahornsirup
350 ml Milch
2 große Eier, verquirlt
5 Tropfen Vanillearoma
frisch geriebene Muskatnuss, zum Bestäuben

>1 Den Backofen auf 220 °C vorheizen und das Backblech auf die mittlere Schiene stellen.

>2 4 Auflaufförmchen (je 350 ml) mit der Hälfte der Butter einfetten.

>3 Die Croissants in mundgerechte Stücke zerteilen, mit den Himbeeren vermischen und auf die Auflaufförmchen verteilen.

>4 Den Inhalt jedes Förmchens mit 1 Esslöffel Ahornsirup beträufeln.

>5 Die Milch bis kurz vor den Siedepunkt erhitzen und schnell mit Eiern und Vanillearoma verquirlen.

>6 Die Eimischung auf die Förmchen verteilen und die Croissantstücke leicht herunterdrücken.

>7 Mit der restlichen Butter beträufeln und mit etwas Muskat bestäuben.

>8 Die Desserts im vorgeheizten Ofen 20 Minuten backen, bis sie sich leicht gesetzt haben.

Heiß servieren.

Ingwerküchlein mit Baiserhaube

Für 4 Personen

Zutaten
4 EL Sultaninen oder Rosinen
3 EL dunkler Rum oder Ingwerwein
4 Scheiben Ingwerkuchen
4 Kugeln Vanille-Eiscreme oder Rum-Rosinen-Eiscreme
3 Eiweiß
175 g Zucker

>1 Den Backofen auf 230 °C vorheizen. Die Sultaninen oder Rosinen in einer Schale mit Rum oder Ingwerwein vermischen.

>2 Die Kuchenscheiben mit großzügigem Abstand auf ein Backblech legen.

>3 Jede Kuchenscheibe mit 1 Esslöffel Rum-Sultaninen bestreuen.

>4 Eine Kugel Eiscreme auf jede Kuchenscheibe setzen und im Gefrierschrank fest werden lassen.

>5 In der Zwischenzeit das Eiweiß in einer großen Schüssel beinahe steif schlagen.

>6 Den Zucker löffelweise zugeben und so lange weiterschlagen, bis das Eiweiß fest und glänzend ist.

>7 Die gefrorenen Kuchen aus dem Gefrierschrank nehmen und die Eiskugeln vollständig in Eischnee einhüllen.

>8 Die Küchlein 5 Minuten im vorgeheizten Backofen backen, bis die Baiserhauben zu bräunen beginnen.

Sofort servieren.

Blaubeer-Amaretti-Creme

Für 4 Personen

Zutaten
250 g frische Blaubeeren
5 Tropfen Mandelaroma
3 EL klarer Honig
70 g Amaretti, plus einige mehr zum Servieren
400 g griechischer Joghurt

>1 200 g der Blaubeeren in einer Schüssel mit Mandelaroma und 1 Esslöffel Honig vermischen und mit einer Gabel leicht zerdrücken.

>2 Die Amaretti mit den Fingern leicht zerkrümeln.

Die Creme mit Amaretti servieren.

>3 Die Beeren vorsichtig mit Plätzchen und Joghurt verrühren und auf 4 Dessertgläser oder -schalen verteilen.

>4 Die Creme mit den restlichen Beeren garnieren und mit dem restlichen Honig beträufeln.

Pflaumenteilchen mit Mandeln

Für 4 Personen

Zutaten

1 Blatt fertiger Blätterteig (etwa 28 cm x 22 cm)
30 g gemahlene Mandeln
30 g brauner Feinstzucker
½ TL gemahlener Sternanis
4 rote Pflaumen
Milch, zum Bestreichen

>1 Den Backofen auf 220 °C vorheizen. Ein Backblech mit Backpapier auslegen. Den Blätterteig in 4 gleichmäßig große Rechtecke schneiden.

>2 Mandeln, Zucker und Sternanis in einer Schüssel vermischen. 1 Esslöffel der Mischung in die Mitte jeder Teigplatte geben.

>3 Die Pflaumen halbieren und jede Hälfte in 4 Spalten schneiden.

>4 Die Pflaumenspalten diagonal über der Mandelmischung auf den Teigplatten anrichten.

>5 Die restliche Mandelmischung darüberstreuen. Die Ränder der Längsseiten der Teigplatten mit Milch bestreichen und an den Ecken über die Pflaumen schlagen.

>6 Die Teilchen auf ein Backblech legen und mit Milch bestreichen. Im vorgeheizten Ofen 15–20 Minuten goldbraun und fest backen.

Die Teilchen warm servieren.

Birnen-Schoko-Pfannkuchen

Für 4 Personen

Zutaten
200 g Nuss-Nougat-Creme
8 fertige Pfannkuchen
4 reife Birnen
40 g Butter, zerlassen
2 EL Demerara-Zucker
55 g Haselnüsse, geröstet und gehackt, zum Servieren

>1 Den Backofengrill vorheizen. Die Nuss-Nougat-Creme in einem kleinen Topf sanft erhitzen.

>2 Die Pfannkuchen mit einem Palettmesser mit der warmen Creme bestreichen.

>3 Die Birnen schälen, grob in Stücke schneiden und in der Mitte der Pfannkuchen anrichten. Die Pfannkuchen über den Birnen zusammenfalten.

>4 Eine Auflaufform mit der Hälfte der Butter einfetten.

>5 Die Pfannkuchen in die Auflaufform legen, mit der restlichen Butter bestreichen und mit Zucker bestreuen.

>6 Die Pfannkuchen unter dem Grill 4–5 Minuten backen, bis sie hell goldbraun sind und Blasen werfen.

Die Pfannkuchen mit den Haselnüssen bestreuen und heiß servieren.

Gekühlter Schokokuchen

Für 12 Personen

Zutaten
225 g Zartbitterschokolade, in Stücken
225 g Butter
3 EL schwarzer Kaffee
55 g brauner Zucker
1–2 Tropfen Vanillearoma
225 g Vollkornkekse, zerkrümelt
85 g Rosinen
85 g Walnüsse, gehackt

>1 Eine Springform (20 cm Ø) mit Backpapier auslegen.

>2 Schokolade und Butter mit Kaffee, Zucker und Vanillearoma bei schwacher Hitze in einem Topf zerlassen.

Den Kuchen aus der Form lösen, in schmale Stücke teilen und servieren.

>3 Kekskrümel, Rosinen und Walnüsse zufügen und gut verrühren.

>4 Die Mischung gleichmäßig in der Springform verteilen. Im Kühlschrank mindestens 1–2 Stunden fest werden lassen.

Honig-Muffins mit Erdbeer-Salsa

Für 6 Personen

Zutaten

Butter oder Öl, zum Einfetten
175 g Mehl
1¾ TL Backpulver
1 TL Speisenatron
55 g klarer Honig
40 g heller Muskovado-Zucker
55 g Butter, zerlassen
1 Ei, verquirlt
150 g griechischer Joghurt
fein abgeriebene Schale von 1 Orange
erwärmter Honig, zum Glasieren

Erdbeer-Salsa

200 g frische Erdbeeren
2 EL klarer Honig
2 EL Orangensaft

>1 Den Backofen auf 200 °C vorheizen. 6 einzelne Metallformen (je 150 ml) oder 6 Vertiefungen eines Muffinblechs einfetten.

>2 Mehl, Backpulver und Speisenatron in eine Schüssel sieben, Honig, Zucker, Butter, Ei, Joghurt und Orangenschale zugeben und vermischen.

>3 Die Mischung auf die Backformen verteilen und etwa 20 Minuten im vorgeheizten Ofen backen, bis sie goldbraun, aufgegangen und fest sind.

>4 Für die Salsa in der Zwischenzeit die Erdbeeren grob hacken.

Honig und Orangensaft in einem kleinen Topf erwärmen (aber nicht kochen), über die Erdbeeren geben und leicht vermischen.

Die Muffins aus dem Ofen nehmen, vorsichtig aus den Formen lösen und die Oberseite mit dem erwärmten Honig glasieren.

Die Muffins auf vorgewärmten
Desserttellern mit je einem Löffel
Erdbeer-Salsa servieren.

Honig-Weißwein-Creme

Für 4 Personen

Zutaten
3 EL Brandy
3 EL Weißwein
600 ml Crème double
6 EL klarer Honig
55 g Mandelblätter

>1 Brandy und Wein in einer Schüssel vermischen.

>2 Die Crème double in einer großen Schüssel steif schlagen.

>3 Den Honig zugeben und weitere 15 Sekunden schlagen.

>4 Weinmischung unter ständigem Rühren langsam zugießen, bis die Mischung weiche Spitzen bildet.

>5 Die Sahnecreme auf Dessertschalen verteilen.

>6 Im Kühlschrank 2–3 Stunden durchziehen lassen.

Mit Mandelblättern dekoriert servieren.

Schoko-Orangen-Töpfchen

Für 4 Personen

Zutaten
1 Orange
125 g Zartbitterschokolade, in Stücken
30 g Butter
3 EL Ahornsirup
1 EL Orangenlikör
125 g Crème fraîche
feine Orangenzesten, zum Dekorieren

>1 Die Orange filetieren und den Saft auffangen. Die Orangenfilets in kleine Stücke schneiden.

>2 Schokolade, Butter, Ahornsirup und Likör mit dem Orangensaft in einen Topf geben und unter Rühren sanft erhitzen, bis die Schokolade geschmolzen ist.

Mit Orangenzesten dekoriert servieren.

>3 4 Esslöffel Crème fraîche und die Orangenstücke in die Schokoladenmasse einrühren.

>4 Die Mischung auf Ramequin-Formen verteilen und je einen Löffel Crème fraîche daraufgeben.

Brandy-Röllchen

Ergibt 20 Stück

Zutaten
85 g Butter
85 g brauner Feinstzucker
3 EL heller Zuckerrübensirup
85 g Weizenmehl
1 TL gemahlener Ingwer
1 EL Brandy
fein abgeriebene Schale von ½ Zitrone

Füllung
150 ml Crème double
1 EL Brandy (nach Belieben)
1 EL Puderzucker

>1 Den Backofen auf 160 °C vorheizen. Drei Backbleche mit Backpapier auslegen.

>2 Butter, Zucker und Zuckerrübensirup in einem Topf unter gelegentlichem Rühren bei schwacher Hitze sanft erwärmen, bis eine glatte Masse entsteht. Vom Herd nehmen und etwas abkühlen lassen.

>3 Mehl und Ingwer in die Karamellmasse sieben, gründlich vermengen und Brandy und Zitronenschale einrühren.

>4 Die Masse löffelweise in großen Abständen auf die Backbleche geben.

>5 Jedes Backblech einzeln etwa 10–12 Minuten in den vorgeheizten Ofen geben, bis die Plätzchen goldbraun sind.

>6 Die Plätzchen aus dem Ofen nehmen, etwa 30 Sekunden abkühlen lassen, mit dem Palettmesser lösen und um den Stiel eines Holzlöffels zu Röllchen formen. Sind sie zum Formen zu hart geworden, erneut 30 Sekunden im Ofen erwärmen.

>7 Die erstarrten Röllchen vom Holzstiel nehmen und auf einem Kuchengitter vollständig aushärten lassen. Mit allen Backblechen so verfahren, bis alle Röllchen fertig sind.

>8 Für die Füllung die Crème double nach Belieben mit Brandy sowie mit dem Puderzucker steif schlagen und bis zur Verwendung in den Kühlschrank stellen.

Kurz vor dem Servieren die Brandy-Creme mit dem Spritzbeutel von beiden Seiten in die Röllchen füllen.

Überbackene Ananas

Für 6 Personen

Zutaten
1 Ananas
4 EL Sultaninen
2 EL Rosinen
4 EL Ahornsirup
4 EL weißer Rum
1 Eigelb
1 EL Weizenmehl
2–3 Tropfen Vanillearoma
¼ TL gemahlener Ingwer
2 Eiweiß
2 EL Muskovado-Zucker

Den Backofen auf 240 °C vorheizen. Strunk und Boden der Ananas entfernen.

Die Ananas aufrecht hinstellen und rundum schälen. Verbliebene Augen mit der Messerspitze entfernen. Die Ananas längs halbieren, den Kern entfernen und das Fruchtfleisch in Scheiben schneiden.

Die Scheiben in eine flache Auflaufform legen und mit Sultaninen und Rosinen bestreuen. Die Hälfte des Ahornsirups und die Hälfte des Rums darüberträufeln. Im vorgeheizten Ofen 5 Minuten backen.

In der Zwischenzeit restlichen Sirup und Rum mit Eigelb, Mehl, Vanillearoma und Ingwer in einer Schüssel verrühren.

Das Eiweiß in einer zweiten Schüssel steif schlagen. 2 Esslöffel Eiweiß in die Eigelbmischung rühren und die Eigelbmischung unter den Eischnee heben.

Die Eiercreme auf den Ananas verteilen, mit Zucker bestreuen und weitere 5 Minuten im Ofen goldbraun überbacken.

Sofort servieren.

Mokka-Sahne-Dessert

Für 4 Personen

Zutaten
300 ml Crème double
5 Tropfen Vanillearoma
85 g frische Vollkorn-Semmelbrösel
85 g dunkler brauner Zucker
1 EL Instant-Kaffeepulver
2 EL Kakaopulver
geriebene Schokolade, zum Dekorieren (nach Belieben)

>1 Die Crème double mit dem Vanillearoma in einer Schüssel steif schlagen.

>2 Brösel, Zucker, Kaffee- und Kakaopulver in einer zweiten Schüssel vermischen.

Die Creme bis zum Servieren im Kühlschrank aufbewahren.

>3 Sahnecreme und Bröselmischung abwechselnd in Dessertgläser geben und mit einer Sahneschicht abschließen. Mit geriebener Schokolade (falls verwendet) bestreuen.

>4 Mit Frischhaltefolie abdecken und mehrere Stunden oder über Nacht im Kühlschrank ziehen lassen.

Register